Formateur

6

Leçons de la formation de disciples

Amis de
JÉSUS

Produit par: Ministères d'école dominicale (MEDFDI) de l'église du Nazaréen dans la Région Mesoamerique

www.MedfdiRessources.MesoamericaRegion.org

Rev. Monte Cyr

ISBN: 978-1-63580-180-4

Tous les sites bibliques sont tirés de la Version Louis Ségond corrigé en 1999, sauf où on indique le contraire.

Traduit en français de l'espagnol par: Dezama Jeudi

Imprimé au Guatemala

Table Des Matières

AMIS DE JÉSUS

Ceci est un nouveau matériel que vous pourrez utiliser pour entrainer les enfants de 6 à 11 ans qui ont accepté le Christ. Rappelez-vous qu'un formateur de disciple n'est pas quelqu'un qui seulement dispense un cours, mais plutôt qui partage sa vie avec ses disciples.

Les enfants vous regarderont, tout en vous imitant et questionnant sur leurs doutes. Vous devez prier pour eux et en abordant la situation de chacun d'eux. Si un enfant perd une session, il faut s'approcher de lui pour savoir ce qui s'est passé et pour lui donner la leçon qu'il a perdu.

Ce présent matériel contient six leçons, chacune d'elles possèdent divers activités pour que vous réalisiez avec l'enfant que vous êtes en train de former. Pour commencer, il faut certain que chacun ait leur Bible en main. Vous devez chercher des Bibles supplémentaires pour prêter à ceux qui n'ont en pas, ainsi, vous pourrez travailler avec plus de facilité.

A la suite, nous vous donnerons des suggestions de comment présenter votre classe chaque fois que vous vous êtes réunis. A partir de la page 10, vous trouverez les réponses aux exercices qui se trouvent dans la feuille de l'enfant.

Nous espérons que le Seigneur vous aidera à réaliser cette tache tellement importante.

LES SUGGESTIONS

Pour les réunions de la formation de disciple

par Eva Velasquez et Rev. Patricia Picavea

Celles-ci sont des suggestions pour diriger les réunions de formation de disciples des enfants. Nous espérons que ces groupes n'excèdent plus de 6 enfants. Cela vous permettra avoir une relation très personnelle avec eux et les donner l'attention de la forme la plus directe dans leurs besoins.

La classe peut s'organiser de plusieurs manières différentes. Ensuite, nous allons vous présenter l'une des manières que vous pouvez organiser une classe de 40 minutes. Celle-là est subdivisée en six étapes, qui englobent au maximum de développement et des activités différentes pour chaque jour.

Comme activité supplémentaire ou comme devoir à réaliser en classe, vous pouvez les ordonner de colorier les images qui se trouvent sur la page de la couverture de chaque leçon.

Étape 1: Ouverture

Commencez en donnant la bienvenue et en faisant une dynamique ou jeu pour écraser la glace. (5 minutes)

Étape 2: La Prière

Invitez les enfants dans un moment de prière. Expliquez aux enfants que la seule manière de se communiquer avec Dieu c'est en priant, lisez-les Jérémie 33:3. Ça c'est une chose très importante dans la vie des chrétiens. Enseignez-les que nous fermons les yeux quand nous prions pour éviter de nous distraire de ce qui est en train de se produire autour de nous et nous inclinons nos tête comme symbole de notre soumission à Dieu. Utilisez plusieurs formes d'organisation différentes sur comment on peut prier pour que l'enfant s'habitue et commence à partager avec le groupe .
(5 minutes)

Jour 1: Priez le Notre Père, expliquez aux enfants que Jésus fut celui qui enseigna cette prière et c'est un modèle parfait sur comment nous devons nous approcher de Dieu (dirigez la prière et que les enfants répètent après vous).

Jour 2: Demandez que les enfants exposent leurs besoins ou quelque chose qui les préoccupe, expliquez-les que ceux-ci seront présentés à Dieu. Commencez la prière tout en les donnant quelques minutes pour qu'ils prient à voix basse et faire leur demande à Dieu et après quoi, priez pour eux à haute voix pour chaque demande.

Jour 3: Demandez aux enfants s'ils sont reconnaissants envers Dieu et pour quoi. Ensuite, invitez les enfants à se prendre les mains et qu'ils prient Dieu pour Lui dire merci pour sa protection.

Jour 4: Demandez aux enfants lequel d'entre eux s'ose pour diriger la prière et permettez-le de prier à haute voix. Si personne n'ose le faire, vous devez vous-mêmes signaler un enfant vous croyez qui peut le faire en lui donnant votre aide. Prêtez attention et soyez près pour l'aider, dans le cas où il se détient ou il ne peut pas continuer, terminez, vous-mêmes la prière et à la fin, dites-lui merci pour sa participation.

Jour 5: Organisez les enfants en plusieurs groupes de deux. Demandez-les de dire à chacun de dire à l'autre son motif de prière. Après quoi, permettez que l'un prie pour le motif de prière de l'autre et s'il n'a pas de motif de prière, qu'il prie pour sa famille, la santé, études, etc…

Jour 6: Invitez le pasteur, ou quelque leader de l'église pour qu'il soit présent dans cette dernière réunion et qu'il soit celui qui préside la prière et félicite les enfants pour l'effort de participer à cette formation de disciple et le conclure.

Étape 3: Louange

Après la prière, vous pouvez entonner un cantique qui soit approprié pour la leçon qui aura lieux ce jour-là. (5 minutes)

Étape 4: Leçon Biblique

Pour présenter les leçons bibliques, vous pouvez utiliser plusieurs ressources différentes. Si vous avez le film Jésus en vidéo, peut-être vous pouvez l'utiliser dans quelques réunions pour faire le temps plus attirant et pour que les enfants se rappellent plus clair ce qu'ils avaient vu dans le film. (15 minutes)

Leçon 1: Puisque c'est la première leçon, vous pouvez profiter ce moment pour montrer les 10 premières minutes du Film Jésus là où on explique l'objectif de la vie de Jésus. Profitez-en aussi pour éclaircir quelques doutes que les enfants peuvent avoir. Si vous n'avez pas de Film Jésus, vous pouvez expliquer avec des images ou en résumé, les deux premiers chapitres de l'évangile selon Luc 1:26-35, 2:1-7.

Leçon 2: Pour la deuxième leçon, de la même manière que l'antérieure, vous pouvez présenter la vidéo avec la partie de l'histoire de Zachée, ou, vous pouvez demander à quelques enfants ou adolescents qu'ils le miment en peu de minutes.

Leçon 3: Dans cette classe, vous pouvez lire le Notre Père et demander aux enfants qu'ils disent ce qu'ils comprennent face à chaque affirmation. Par exemple: "Notre Père…" Pour quoi nous le disons ainsi?, "qui es dans les cieux" Pour quoi disons-nous que Dieu est dans le ciel?, etc. Ensuite, expliquez-les Matthieu 4:4. Laissez-les voir clairement que la lecture de la Bible et la prière sont très importante pour trouver les trésors. Encouragez les enfants à Mémoriser le Notre Père.

Leçon 4: Vous pouvez projeter le Film quand la multiplication des pains et des poissons s'est produite, ou vous pouvez le raconter à travers des images à l'air libre et faire que les enfants s'assoient sur le parquet comme ils le firent dans cette époque. Ensuite, vous pouvez faire que les enfants prient et partagez des petits bonbons et du jus avec eux. Vous pouvez utiliser le passage qui se trouve dans l'évangile selon Jean 6:1-15.

Leçon 5: Commencez, en racontant le passage qui se trouve dans Matthieu 4 :1-11 au temps qu'ils aillent répondre les questions qui se trouvent dans les petites feuilles qui peuvent dessiner une grande main comme celle qui apparait dans la feuille de l'enfant. Faite des cartels à part de ce qui se trouve dans écrit dans chaque doigt dans la feuille de l'élève. Dans la mesure que vous expliquiez ce qui se trouve écrit dans chaque doigt, vous devez coller le doigt correspondant.

Leçon 6: Dans cette leçon, travaillez le texte de Galates 6 :1-10. Expliquez les enfants en quoi consiste faire le bien et quelle est la famille de la foi. Ensuite, faite un plan avec eux pour aider quelqu'un de l'église qui soit malade ou qui ait besoin quelque type d'aide. S'il n'aurait personne à l'église, vous pouvez penser à quelqu'un qui ne soit pas chrétien et qui ait quelque type de besoin.

Étape 5: Activitè Pratique

Distribuez les petites feuilles pour que les enfants fassent les travaux. Tous doivent travailler pour le réaliser ensemble. Rappelez-vous bien que s'ils sont des nouveaux enfants, ils ne savent pas beaucoup au sujet de la Bible. (10 minutes)

Étape 6: La Prierè Finale

Priez en groupe, pour eux et leurs familles. (5 minutes)

8

SOIS AMI DE JÉSUS

Activités et Réponses

Pour Devenir un Ami de Jésus:

Écrivez l'un des mots suivants dans chaque ligne pour compléter la phrase.

Demande, Commence, Dis, Accepte, Crois, Connais

Dis à Dieu que tu l'avais désobéi.

1

Accepte que Dieu t'aime!

2

Crois que Dieu a envoyé son Fils, Jésus, pour que le pardon soit possible.

3

Demande et reçoit le pardon de Dieu.

4

Connais que Jésus est ton Sauveur et meilleur ami.

5

Commence à vivre comme fils de Dieu.

6

Pour être un Meilleur Ami:

Écris un mot sur chaque ligne pour compléter la phrase. Les lettres se sont placées d'en arrière à l'avant.

1 ___Apprend___ plus de chose au sujet de Dieu. Lis et rappel les versets de la Bible.

(dnerppA)

2 ___Parle___ avec Dieu. Dis-lui merci pour Jésus. Demande-lui de t'aider à obéir et faire ce qui est correcte.

(elraP)

3 ___Parlez___ aux autres de l'amour de Dieu.

(zelraP)

4 ___Réunis___ avec des autres Chrétiens.

(sinuéR)

5 ___Demande___ à Dieu qu'Il te pardonne si tu désobéis. Et, continue à vivre comme un ami de Jésus.

(ednameD)

Soupe de Lettres

Cherche et trouve les 5 mots cachés et établis une phrase.

C	S	V	I	E	N	T	O	S	S
N	A	N	E	J	J	A	F	A	H
A	J	L	E	U	A	R	L	Z	H
O	G	A	I	K	R	U	Z	H	L
I	V	T	M	N	T	A	I	L	F
E	R	J	A	T	A	B	O	A	O
U	O	S	K	I	A	E	R	A	E
Y	O	O	R	A	E	T	A	G	M
E	M	C	P	O	O	E	R	R	B

Phrase:

Le Salut Vient de Dieu.

2

COMME IL EST BON D'ÊTRE AMI DE JÉSUS!

Activités et Réponses

LABYRINTHE

Suis les instructions suivantes et résous ce labyrinthe avec les mots clés de l'histoire de **Zachée**.

```
(1)
 Z
 A          (2)
 C           C
 H           O
(3)É         U
(4)R E P E N T I T
   A
   U
   V
(5)A R G E N T
   E
   S
```

Verticale:

1. Nom du personnage principal de l'histoire.
2. Caractéristique de ce personnage.
3. Qui a-t-il restitué?

Horizontal:

4. La condition de Zachée après avoir parlé avec Jésus.
5. Ce que Zachée a restitué.

Découvre le MOT

Remplace les signes par les lettres et place-les dans leur position correspondante.

❀	↪	✓	✗	✝	☆	▼
A	C	D	E	I	L	M

✈	✉	✿	▲	❄	●	✚
N	O	P	R	T	U	V

1 Dieu est toujours $\underline{\text{A V E C} \quad \text{T O I}}$. Dieu est
❀ ✚ ✗ ↪   ❄ ✉ ✝

$\underline{\text{A V E C} \quad \text{T O I}}$ dans le moment du bonheur.
❀ ✚ ✗ ↪   ❄ ✉ ✝

Il est avec toi aussi au sein du malheur. Toujours Il est là pour t'aider.

2 Tu peux **P A R L E R** avec Dieu dans
✿ ❀ ▲ ☆ ✗ ▲

n'importe quel moment. Tu peux dire à Dieu tout ce que tu veux. Dieu écoute tes prières.

3 Dieu **T' A I D E** à Lui obéir. Et en plus de cela,
❄ ❀ ✝ ✓ ✗

Il t'aide à **V O U L O I R** Lui obéir.
✚ ✉ ● ☆ ✉ ✝ ▲

4 Dieu se sent attristé si tu lui désobéis. Mais Il te

P A R D O N N E si tu le demandes.
✿ ❀ ▲ ✓ ✉ ✈ ✈ ✗

5 Dieu est en train de faire une $\underline{\text{D E M E U R E}}$
✓ ✗ ▼ ✗ ● ▲ ✗

spéciale pour toi dans le ciel. Tu vivras avec Dieu quand tu seras mort.

Activités et Réponses

Questions et Réponses

Une manière de mieux connaitre Jésus, c'est en lisant la Bible. La Bible est le message de Dieu pour l'homme. Dans 2 Timothée 3:16-17 on nous dit la raison pour laquelle la Bible est importante pour les chrétiens. Lis le passage et après quoi, relie par une flèche la question avec sa réponse correspondante.

1 Qui nous donne la Bible?

2 Qu'est-ce que la Bible enseigne au gens?

3 Pour quoi la Bible est importante?

A Nous aide à mieux connaitre Jésus.

B Dieu

C Ce qui est mal dans leurs vies.

Les Mots À L'envers

Apprend le Notre Père. Mets en ordre les mots qui sont à l'
envers. Écris-les dans les espaces vides. Rappelle-toi de
cette prière. Répète-le plusieurs fois pour le mémoriser.

"Notre **Père** qui es aux cieux!
(erèP)

Que ton nom soit sanctifié;

que ton règne **vienne** ;
(enneiv)

que ta volonté soit faite sur

la **terre** comme au ciel.
(erret)

Donne nous aujourd'hui **notre** pain quotidien;
(erton)

Pardonnons à ceux qui nous ont **offenses** ;
(sesneffo)

ne nous induis pas en **tentation** ,
(noitatnet)

mais, délivre-nous du **malin** ."
(nilam)

Matthieu 6:9-13 (LSG)

4 APPRENDRE À PLAIRE À JÉSUS

Activités et Résponses

Un Adolescent et Un Déjeuner

Faites que les enfants colorient le dessin de la page 2. Si vous le préférez, vous pouvez permettre que l'enfant remplisse les dessins avec du riz, ou de la poussière en couleur ou autre chose que vous croyez appropriée et divertie pour l'enfant.

LE CODE SECRET

Jésus veut que nous aimions les autres. Utilise les mots qui se trouvent dans le carreau pour compléter le verset.

- ☐ aider
- ◇ Proverbes
- △ tout
- ⬭ problèmes
- ☆ aiment

Les amis **aiment** ☆

en **tout** temps. △

Ils sont là pour **aider** dans ☐

les **problèmes** viennent. ⬭

Proverbs 17:17 ◇

16

5

Jésus fut tenté...

Activités et Résponses

Jésus fut tenté pour convertir les pierres en pain. Qui dit Jésus au diable? Lis Matthieu 4:4 dans ta Bible et trouve la réponse.

Réponse: "Il est écrit: L'homme ne vivra pas de pain seulement, mais de toute parole qui sort de la bouche de Dieu." Matthieu 4:4.

Jésus fut tenté de sauter depuis le toit du temple et laisser que les anges lui protègent. Que dit Jésus au diable? Lis Matthieu 4:7 dans ta Bible et trouve la réponse.

Réponse: "Il est aussi écrit: Tu ne tenteras point le Seigneur, ton Dieu". Matthieu 4:7.

Le Diable tenta Jésus. Il lui disait a Jésus qu'Il pourrait gouverner toutes les nations s'Il se courbait et l'adorait. Que dit Jésus au diable? Lis Matthieu 4:10 dans ta Bible et trouve la réponse.

Réponse: "Retire-toi, Satan! Car il est écrit: Tu adoreras le Seigneur, ton Dieu, et tu le serviras lui seul." Matthieu

COMMENT PUIS-JE SERVIR?

Mets une **X** dans le casier des activités que tu as déjà commencé à réaliser et un **O** pour celles qui ne sont pas encore.

1. Vas à l'église avec beaucoup de fréquence. Les chrétiens t'aideront à croitre comme ami de Jésus. Tu peux prendre soin et aider les autres à vivre pour Dieu.

2. Donne de l'argent pour Dieu. Dépose-le dans le coffre-fort de l'église. Ton église l'argent pour faire de bonnes choses.

3. Raconte aux autres personnes comment Dieu t'a aidé. Cela aide aux gens de croitre quand ils traversent des moments difficiles.

4. Donne ton aide quand ton église programme un projet spécial à réaliser. Le travail devient plus rapide quand beaucoup de personne l'aborde ensemble.

5. Invite tes amis et d'autres personnes de ta famille à venir à assister à l'église. Ils écouteront parler au sujet de Jésus.

6

Activités et Résponses

MESSAGE CACHÉ

	1	2	3	4	5	6
⊕	V	E	Y	O	J	D
⊖	X	W	U	I	H	L
⊛	Q	P	G	N	R	F
⊘	C	S	A	M	B	T

Observe sous les espaces vides, le numéro et le symbole qui te désigne. Et ensuite, place le numéro et le symbole dans la table ou ceux-ci se rencontrent. La lettre qui se trouve là, c'est celle que tu dois écrire.

Communion

Tu peux jouir de la communion à l'église. La communion c'est

quand las **a m i s** sont en train de faire les choses
⊘3 ⊘4 ⊖4 ⊘2

ensembles. Les chrétiens ont de la

c o m m u n i o n
⊘1 ⊕4 ⊘4 ⊘4 ⊖5 ⊛4 ⊖4 ⊕4 ⊛4

quand ils lisent la Bible, prient et louent Dieu ensemble. Ils ont de la

communion aussi quand ils se divertissent ou travailler dans un projet

spécial **e n s e m b l e**
⊕2 ⊛4 ⊘2 ⊕2 ⊘4 ⊘5 ⊖6 ⊕2

19

Étude Biblique

L'église t'aide à lire la Bible. Tu vas apprendre ce que **d i t**
$\oplus 6 \ominus 4 \oslash 6$

la Bible à l'église. Tes moniteurs d'école du dimanche et le pasteur

t' e n s e i g n e n t ce
$\oslash 6 \ \oplus 2 \ \circledast 4 \ \oslash 2 \ \oplus 2 \ \ominus 4 \ \circledast 3 \ \circledast 4 \ \oplus 2 \ \circledast 4 \ \oslash 6$

que dit la Bible. Ils t'enseigneront à mettre en pratique tout ce que
tu apprends.

Louange

La louange c'est faire savoir à Dieu combien tu l'aimes, honores et
respectes. Tu peux louer Dieu toi seul. Il est important de l'adorer
ensemble avec l'église. Il y a beaucoup de manières à travers
lesquelles tu peux louer Dieu avec tes amis. Tu peux

c h a n t e r des
$\oslash 1 \ \ominus 5 \ \oslash 3 \ \circledast 4 \ \oslash 6 \ \oplus 2 \ \circledast 5$

c a n t i q u e s de louange
$\oslash 1 \ \oslash 3 \ \circledast 4 \ \oslash 6 \ \circledast 4 \ \circledast 1 \ \ominus 3 \ \oplus 2 \ \oslash 2$

à Dieu. Tu peux prier aux autres comment Dieu t'a aidé. Tu peux

les parler au sujet de ton **a m o u r**
pour Jésus. $\oslash 3 \ \oslash 4 \ \oplus 4 \ \ominus 3 \ \circledast 5$

Aide

Dieu veut qu'on s'entre aide à l'église. Parle avec tes amis de

l'église quand tu es m a l a d e
                     ⊘4 ⊘3 ⊖6 ⊘3 ⊕6 ⊕2

avec eux, quand t'est en problèmes. Demande-les de

p r i e r   pour toi.
⊗2 ⊗5 ⊖4 ⊕2 ⊗5

Moment avec Dieu

Cherche ces versets suivants dans la Bible. Regarde ce que dit la
Bible au sujet de vivre comme fils de Dieu et amis de Jésus.
Pratique en répétant Galates 6:10.
Pense dans la manière que tu peux aider les autres.

1
Actes 4:32-35
Les amis de Jésus partagent entre eux.

2 Actes 12:1-5

Les amis de Jésus prient ensemble pour leurs besoins.

3 Actes 17:10-12

Les amis de Jésus lisent la Bible ensemble.

4 Romains 12:10-16

Les amis de Jésus prennent soin de l'un de l'autre.

5 Galates 6:10

Les amis de Jésus s'entre aident l'un à l'autre.

6 Éphésiens 4:29 - 5:2

Les amis de Jésus essaient de vivre de manière correcte dans les relations avec les autres.

7 Colossiens 3:12-14

Les amis de Jésus s'aiment et se pardonnent les uns aux autres.